TRANSIT

Die Übergangslektüre

Heft 1

Alexander
der Große

bearbeitet von
Gerhard Hey und
Wolff-Rüdiger Heinz

C.C. BUCHNER VERLAG · BAMBERG

TRANSIT
Die Übergangslektüre

Herausgegeben von
Clement Utz und
Klaus Westphalen

Heft 1 wurde bearbeitet von
Gerhard Hey und
Wolff-Rüdiger Heinz.

2. Auflage, 8. Druck 2020

Alle Drucke dieser Auflage sind, weil untereinander unverändert, nebeneinander benutzbar.

Dieses Werk folgt der reformierten Rechtschreibung und Zeichensetzung. Ausnahmen bilden Texte, bei denen künstlerische, philologische oder lizenzrechtliche Gründe einer Änderung entgegenstehen.

Layout und Satz: i.motion, Bamberg
Druck und Bindung: Pustet, Regensburg

www.ccbuchner.de

ISBN 978-3-7661-**5211**-4

Vorwort

Die Reihe TRANSIT und damit dieses Heft ist vor allem für einen Lateinunterricht gedacht, der die Schülerinnen und Schüler behutsam vom
Lehrbuch zu originalen Texten führen will. Für diese Übergangsphase sind
besonders Themen geeignet, die eine große Persönlichkeit in den
Mittelpunkt stellen.

Es ist zwar unmodern geworden, sich mit bedeutenden Einzelpersönlich-
keiten der Geschichte zu beschäftigen – und trotzdem: die Gestalt Alexanders des Großen fasziniert auch heute noch. Neben seiner unbestrittenen
epochemachenden Leistung ist es vor allem sein Charakter, der viele in seinen Bann zieht.

Man hat immer wieder festgestellt, dass es den antiken Autoren, die über
Alexander geschrieben haben, nicht gelungen sei, ein einheitliches Charak-
terbild Alexanders darzustellen. Das trifft auch auf den römischen
Historiker Curtius Rufus zu (1. Jh. n. Chr.), dessen Werk dieser Textausgabe
zgrunde liegt. Das ist aber kein schriftstellerischer Mangel, sondern liegt in
Alexander selbst begründet. In ihm streiten sich die widersprüchlichsten
Merkmale. Wir finden planvolles Handeln neben völligem Verlust der
Selbstkontrolle, menschliche Liebenswürdigkeit neben brutaler Grausam-
keit, überlegene Souveränität neben kindlichem Trotz, mitreißende Redner-
gabe neben bescheidenem Innehalten – alles in einer einzigen Person.

Dieses knappe Textheft versucht, durch die zwölf Episoden einen Eindruck
von dieser Widersprüchlichkeit zu vermitteln. Die Auswahl hat sich dabei
an der Bemerkung Plutarchs orientiert, wonach es nicht immer die großen
Heldentaten seien, in denen sich ein Charakter offenbare: „Oft sagt ein
unbedeutender Vorfall, ein Ausspruch oder ein Scherz mehr über den
Charakter eines Menschen aus als die blutigsten Schlachten, die größten
Heeresaufgebote und die Belagerung von Städten."

Um eine sprachliche Brücke vom Übungsbuch zur Originallektüre zu schla-
gen und auch ein gewisses Lesetempo zu ermöglichen, ist der Originaltext
des Curtius Rufus maßvoll erleichtert, sodass sich für die Schüler und Schülerinnen spürbare Erfolgserlebnisse einstellen können.

Außerdem gibt es zu jedem Abschnitt Hinweise auf solche grammatischen
Phänomene, die sich gut zur Wiederholung, Festigung oder ergänzenden
Behandlung eignen (Übungen mit orange unterlegten Ziffern).

Der methodische Schwerpunkt in der Konzeption der Zusatzaufgaben liegt
darin, die Selbstständigkeit der Schüler im Umgang mit fachspezifischen
Hilfsmitteln, in der inhaltlichen Erschließung der Texte und in der Beurtei-
lung menschlichen Handelns zu fördern und einzuüben (Übungen mit
blau unterlegten Ziffern). Die Beschäftigung mit Szenen und Entschei-
dungssituationen aus dem Leben Alexanders bietet dafür vielfache
Anlässe.

Im Winter 334/333 v. Chr. führt Alexander Teile seiner Truppen nach Gordium in Phrygien (Kleinasien), um sie dort überwintern zu lassen.

Exercitus per Phrygiam ducebatur ad nobilem quondam regiam Midae. Gordium nomen est ei urbi, quam Sangarius flumen praeterfluit.

Alexander urbe in potestatem suam redacta templum Iovis intrat. Ibi
5 vehiculum, quo Gordius, Midae pater, vectus erat, aspexit, cultu non multum a vilioribus vehiculis differens.

Notabile erat iugum, quod compluribus nodis ita adstrictum erat, ut nexus celarentur.

Incolae affirmabant sortem oraculi editam esse eum Asiae potiturum
10 esse, qui vinculum inexplicabile solvisset. Itaque Alexandro incessit cupido sortis eius explendae. Circa regem erat et Phrygum turba et Macedonum. Phryges pleni exspectationis suspensae erant, Macedones solliciti ex temeraria regis fiducia. Series enim vinculorum ita adstricta erat, ut, unde nexus inciperet, perspici non posset. Itaque Macedones timebant,
15 ne inritum inceptum Alexandri in malum omen verteretur.

Ille non diu luctatus cum nodis „Nihil" inquit „interest, quomodo nodi solvantur!" Non cunctatus rex gladio omnia lora rupit.

Ita sortem oraculi vel illusit vel explevit.

---

1 **praeterfluere** *vorbeifließen*
5 **cultus, -us** hier: *Ausstattung* – **vilis, e** *billig* – **notabilis, e** *bemerkenswert* – **nodus** *Knoten* –
adstringere *festbinden* – **nexus, -us** *Knotenende* – **sortem oraculi edere**
einen Orakelspruch verkünden
10 **inexplicabilis, e** *unentwirrbar* – **incedere** (m. Dat.) *befallen* – **suspensus** hier: *gespannt* –
temerarius *unüberlegt*
15 **inritum inceptum** *Fehlversuch* – **luctari (cum)** *sich abmühen (mit etwas)* – **lorum** *Riemen*

---

1. In diesem Text gibt es mehrere Gliedsätze, die von einem anderen Gliedsatz abhängig sind.
Welche sind es?
Überlege dir ein Verfahren, wie man die Abhängigkeitsverhältnisse in einem längeren Satzgefüge grafisch übersichtlich darstellen könnte.

2. Untersuche die Partizipialkonstruktionen, indem du eine Tabelle anfertigst, in der die Partizipien dieses Textes, ihre Beziehungswörter, das Zeitverhältnis und die jeweilige Art der Partizipialkonstruktion aufgelistet werden.

3. Die Makedonen und die Phryger reagieren mit unterschiedlichen Gefühlen auf die Ankündigung Alexanders, den Knoten lösen zu wollen. Was ist der Grund dafür?

4. Hat der Maler Martino Altomonte die Schilderung der Szene durch Curtius Rufus gekannt? Suche Motive im Bild, die darauf eine Antwort geben können.

Alexander zerhaut den Gordischen Knoten. Gemälde von M. Altomonte (1709), Prag, Narodni-Galerie

5. Der griechische Geschichtsschreiber Plutarch überliefert eine andere Variante dieser Problemlösung:

„Das Auflösen fiel Alexander ganz leicht, indem er einfach den Pflock, mit dem der Jochriemen festgehalten war, aus der Deichsel herauszog und so das Joch vom Wagen trennte."

Welche Rückschlüsse auf den Charakter Alexanders erlaubt die Methode im übersetzten Text, welche die Variante von Plutarch?

6. Man spricht auch heute noch in bestimmten Situationen von einem „Gordischen Knoten", der zerhauen werden müsse. Was für Situationen sind das? Suche konkrete Beispiele.

Alexander zieht mit seinem Heer von Gordium aus weiter nach Kilikien. Im Herbst 333 kommt er nach Tarsus (südöstliches Kleinasien), von Hitze und Marsch erschöpft. Alexander möchte wie seine Soldaten im Fluß Cydnus baden, erleidet aber einen Schock. Seine Soldaten bangen um seine Gesundheit und ihre Zukunft. Alexander selbst fühlt sich unter Druck, weil ihm gemeldet wird, dass der persische Großkönig Darius im Anmarsch sei. Alexander ist zu jedem Risiko bereit, um schnell wieder gesund und kampffähig zu werden.

E rat inter nobiles medicos, qui regem ex Macedonia secuti erant, Philippus, fidus admodum regi. Philippus, quem olim Alexandro puero comitem et custodem salutis datum esse constat, eum eximia caritate diligebat. Qui cum ad regem vocatus esset, se strenuum
5 remedium allaturum tantamque vim morbi post tertium diem levaturum esse promisit. Nemini promissum eius placebat praeter regem. Alexander omnia facilius quam moram pati poterat: arma et acies in oculis erant.

Interea a Parmenione, fidissimo purpuratorum, litteras accipit, quibus ei
10 denuntiabat, ne salutem suam Philippo committeret; medicum mille talentis et spe nuptiarum sororis a Dareo esse corruptum. Ingentem sollicitudinem litterae ei incusserant et, quid faceret, diu deliberabat: „Bibere perseverem? Damnem medici fidem? At certe melius est me alieno scelere mori quam timore meo!"
15 Nemini, quid in epistula scriptum esset, enuntiat. Tum Philippus cum poculo, in quo medicamentum inerat, tabernaculum regis intrat. Is epistulam a Parmenione missam sinistra manu tenens accipit poculum et bibit interritus. Deinde epistulam legere Philippum iubet nec a vultu legentis movet oculos. Ille plus indignationis quam timoris ostendit et
20 „Rex", inquit, „crimen parricidii, quod mihi obiectum est, tua salus diluet! Oro quaesoque: omitte timorem; permitte venas tuas medicamentum concipere!"
Haec vox non modo securum , sed etiam laetum regem ac plenum bonae spei fecit.
25 Ubi medicamentum se diffudit in venas, primum animus, deinde corpus vigorem suum recuperavit.
Post tertium diem in conspectum militum venit.

---

5 **purpuratus** *Purpurträger* (= Würdenträger)
10 **talentum** *„Talent"* (Zahlungsmittel; größte Münzeinheit. Nach heutiger Umrechnung sind 1000
Talente mindestens 3 Millionen Euro wert) – **incutere, incussi** *hervorrufen* – **perseverare** *bei einem
Vorsatz verharren* – **damnare** hier: *nicht trauen*
15 **tabernaculum** *Zelt* – **interritus** *unerschrocken* – **indignatio, -onis** *Entrüstung*
20 **parricidium** *Vatermord, Verwandtenmord* – **diluere** *widerlegen*
25 **vigor, -is** m *Lebenskraft* – **recuperare** *wiedererlangen*

1. Der Relativsatz in Z. 2 ist auf eine für uns ungewöhnliche Weise aufgebaut. Das Relativpronomen hat hier zwei Aufgaben:
- Es erfüllt seine eigentliche Aufgabe, nämlich einen Relativsatz einzuleiten;
- es dient gleichzeitig als Subjekt eines AcI.
Diese Konstruktion können wir im Deutschen nicht nachahmen. Suche in deiner Grammatik nach Hilfen, wie man trotzdem eine gute Übersetzung zustande bringt. Versuche, alle dort vorgeschlagenen Übersetzungsmöglichkeiten auf diesen Satz anzuwenden.

2. Alexanders Fragen in Z. 13 f. sind ein Zeichen seiner Unentschlossenheit. Wie wird im Deutschen, wie im Lateinischen das Nachdenken sprachlich ausgedrückt?

3. *Diese Episode eignet sich für eine szenische Darstellung auf der Bühne. Teile den Text dafür in verschiedene Einzelszenen auf und gib ihnen eine Überschrift.*

4. *Was erschwerte, was erleichterte Alexander die Entscheidung?*
Suche Textstellen, die Aufschluss über Alexanders Konflikt geben.

5. *H. Wertinger, ein Maler des 16. Jahrhunderts, hat die Begegnung Alexanders mit seinem Arzt gemalt.*

Welcher Moment ist wiedergegeben? Suche Übereinstimmungen zwischen dem lateinischen Text und dem Bild.

Welches Bild vom Charakter des Arztes möchte der Maler vermitteln?

Alexander und sein Leibarzt Philipp. Gemälde von H. Wertinger, Prag, Narodni-Galerie

Nach der Schlacht bei Issus zieht Alexander 332 v.Chr. nach Süden, unterwirft ganz Syrien und Phönizien und steht nun vor Tyrus, der Hauptstadt der Phönizier. Die Einwohner verwehren ihm den Einzug in ihre Stadt, die sie für uneinnehmbar halten. Tyrus lag nämlich auf einer kleinen Insel vor dem Festland. Den größten Schutz bot dabei ein ständig wehender Südwestwind, der eine starke Strömung durch die schmale Meerenge bewirkte. Alexander, über den Widerstand der Tyrier in Zorn geraten, ordnet an, einen Damm vom Festland zur Insel zu bauen. Der erste Versuch schlägt fehl: Die seitlich anbrandenden Wellen und die Angriffe der Tyrier führen zur Zerstörung des Damms.

Alexander iterum molem facere incipit. Opus novum eo modo construxit, ut ventus non latus eius, sed frontem aggrederetur. Molem quoque latiorem fecit, ut turres in medio positae procul telis abessent. Totas autem arbores cum ingentibus ramis in mare milites
5   Alexandri iaciebant, deinde arbores saxis onerabant rursusque alias arbores iaciebant, tum humus aggerebatur. Super haec omnia alia copia saxorum arborumque cumulata est.

At Tyrii, quidquid ad impediendam molem excogitari poterat, faciebant. Qui procul hostium conspectu sub aqua ad molem penetrabant, falcibus
10   ramos arborum ad se trahentes. Arbores ubi secutae sunt, maximam partem molis secum in profundum traxerunt. Deinde totum opus fundamento lapso sequebatur.

Aegro animo Alexander cogitabat, utrum perseveraret an abiret. Infecta re discedere aut morari Alexandrum pariter pudebat. Nam cum Asiam
15   ingenti velocitate percurrisset, circa muros unius urbis haerebat.

Arbitrabatur autem famam suam, qua plura quam armis effecerat, leviorem fore, si Tyrum quasi testem se posse vinci reliquisset. Igitur, ne quid inexpertum omitteret, plures naves delectosque milites admoveri iubet.

Tyrus fiel im siebten Monat nach Beginn der Belagerung.

---

1   **construere** *bauen* – **turres** Es handelt sich um die größten je errichteten Belagerungstürme. Sie waren 53 Meter hoch und hatten 20 Stockwerke.

5   **aggerere** *herbeischleppen* – **cumulare** *aufhäufen* – **falx, -cis** *Sichel*

10   **sequi** hier: *nachgeben* – **profundum** *Meerestiefe* – **perseverare** *standhaft beharren* – **infecta re** *unverrichteter Sache* – **pariter** (Adv.) *gleich, in gleicher Weise* – Mit *„Asia"* ist Kleinasien, also das Gebiet der heutigen Türkei, gemeint.

15   **veloci-tas:** zu **velox** – Übersetze *„testem"* prädikativ zu *„Tyrum"*; von *„testem"* hängt der folgende AcI ab – **inexpertus** *unversucht*

1. Von welchen Wörtern hängen in den Zeilen 16-18 die drei AcI-Konstruktionen ab? Welches Zeitverhältnis besteht jeweils zwischen der übergeordneten Handlung und der Handlung des AcI?

2. *Fertige eine Skizze an, die die Aufbauschichten des Dammes (Z. 3-7) und den Zerstörungsvorgang (Z. 9-12) veranschaulicht.*

3. *Welche widersprüchlichen Zielvorstellungen führen Alexander in einen Entscheidungskonflikt? Welche Gründe sprechen für das eine Ziel, welche für das andere (Z. 14-18)?*

4. Übersetze das Wort „leviorem" (Z. 16f.) so frei, dass seine besondere Bedeutung an dieser Stelle möglichst gut zum Ausdruck kommt.

5. *Die Eroberung der Stadt Tyrus ist nur eine kleine Episode des zwölfjährigen Eroberungszuges. Welche Eigenschaften des jungen Königs werden aber in dieser Episode erkennbar? Füge jeder deiner Antworten ein Zitat aus diesem Text hinzu.*

Rekonstruktionszeichnung
von Tyrus
(nach Fischer-Fabian,
s. Literaturverzeichnis)

Im Jahre 333 hat Alexander die persischen Truppen unter dem Großkönig Darius in der Schlacht von Issus vernichtend geschlagen. Er macht sich auf, nach Süden weiterzuziehen.

Paulo post cladem ad Issum acceptam Dareus litteras ad Alexandrum misit: „O rex, peto, ut filiam meam in matrimonium ducas. Dotem tibi offero omnem regionem inter Hellespontum et Halyn flumen sitam; ego terris ad orientem spectantibus contentus ero.
5 Si forte dubites accipere, quod tibi offertur, delibera fortunam celeriter mutari posse! Vereor, ne avium modo, quae naturali levitate aguntur ad sidera, te puerili mente efferas: nihil difficilius est quam in puerili aetate tantam capere fortunam!
Si imperium Persarum expugnare vis, transeunda tibi erunt flumina
10 Euphrates, Tigris, Araxes, magna munimenta regni mei; veniendum tibi erit in campos ingentes – et quando Indos, oceani accolas, quando Sogdianos aliasque gentes ad Caucasum habitantes adibis? Senescendum tibi erit!"
Ad haec Alexander ita respondit: „Alienas res, o rex, mihi promittis, cum
15 id, quod totum amisisti, partiri vis. Mihi offers Lydiam, Ioniam, Aeolidem, Hellesponti oram – praemia victoriae meae! Leges autem a victoribus dantur, accipiuntur a victis. Ego autem, cum transirem mare, non Ciliciam, sed Persepolim, caput regni tui, Ecbatana deinde ultimique Orientis oram imperio meo destinavi!"

5 **puerilis, e:** zu **puer**
10 **munimentum** *Befestigung* – **accola** *Anwohner* – **senescere** *alt werden*
15 **partiri** *teilen* – **ora ultimi Orientis** gemeint ist die Küste des Indischen Ozeans, nach damaligem Weltbild das Ende der Welt (vgl. Text 11)

1. Der römische Historiker Curtius Rufus überliefert den Antwortbrief Alexanders in indirekter Rede („oratio obliqua"):

Ad haec Alexander respondit Dareum alienas res sibi promittere, cum id, quod ille totum amisisset, partiri vellet. Illum offerre sibi Lydiam, Ioniam, Aeolidem, Hellesponti oram – praemia victoriae suae! Leges autem a victoribus dari, accipi a victis. Se ipsum enim, cum transiret mare, non Ciliciam, sed Persepolim, caput regni eius, Ecbatana deinde ultimique Orientis oram imperio suo destinavisse.

Stelle in einer Tabelle zusammen, was sich bei der Umformung der direkten in die indirekte Rede ändert.

2. Das Prädikat „respondit", von dem die oratio obliqua abhängt, steht im Perfekt. Es soll nun durch die Präsensform „respondet" ersetzt werden. Welche Formen ändern sich dadurch in der indirekten Rede? Suche dir in deiner Grammatik dazu die notwendigen Hilfen.

3. *Mit welchen Argumenten möchte Darius Alexander zur Annahme seines Angebots überreden? Mit welchen Argumenten lehnt Alexander das Friedensangebot des persischen Königs ab?*

4. *Unter Alexanders Beratern entsteht eine Kontroverse, ob der König das Angebot nicht doch annehmen soll. Es kommt zu einer heftigen Auseinandersetzung. Bildet Kleingruppen der Befürworter und der Gegner des Angebots. Sammelt Argumente, beratet den König.*

5. *In dieser modernen Staatenkarte sind alle in den beiden Briefen erwähnten Städte (Punkte) und Flüsse ohne Namensnennung eingetragen. Stelle mithilfe dieser und der historischen Karte (S. 30 f.) fest, in welchem heutigen Staat das von Darius angebotene Gebiet liegt und welche heutigen Staaten die von Alexander noch erstrebten Regionen umfassen.*

Im Jahre 332 trifft Alexander in Ägypten ein. Die Einwohner des Landes feiern ihn als Befreier von der persischen Herrschaft und versprechen ihm Unterstützung. Er erfährt, dass es ein Orakel des Iuppiter Hammon gibt, das sich in der Oase Siwa tief in der Wüste Sahara befindet.

Ingens cupido animum Alexandri incessit oraculum Iovis adeundi. Nam mortali sorte haud contentus Iovem auctorem generis sui esse aut credebat aut credi volebat.
Itaque ad oraculum proficisci constituit, quamquam iter per deserta vix
5 tolerabile erat.
Primo quidem et sequente die labor tolerabilis visus est, sed ubi campi pleni arenae fervidae ut profundum mare se aperuerunt, nulla arbor, nullum agrorum vestigium occurrebat.
Aqua etiam defecerat, quam cameli portaverant, et nulla erat in aridis
10 arenis. Quas intolerabilis aestus solis ita accenderat, ut vestigia militum exurerentur.
Quarto die tandem ad sedem consecratam pervenerunt. Ibi sacerdos maximus natu Alexandro regi propius adeunti „Salve, o fili", inquit, „nomen filii tibi a Iove patre datum est!" Alexander vero humanae sortis
15 oblitus respondet: „Accipio id nomen et adgnosco!"
Interrogavit deinde: „Mihine fata imperium totius orbis destinaverunt?"
Vates aeque adulans: „Tu rector terrarum omnium eris!"
Post haec Alexander: „Omnesne interfectores patris mei poenas solverunt?"
20 Sacerdos: „Pater tuus", inquit, „scelere nullo violari potest, Philippi autem omnes interfectores poenas solverunt. Tu invictus eris, donec ascendes ad deos."
Sacrificio deinde facto dona et sacerdotibus et deo data sunt; permissumque est amicis, ut ipsi quoque Iovem consulerent. Qui quaesiverunt,
25 num Iuppiter se ipsos Alexandrum divinis honoribus colere vellet. Hoc quoque Iovem accepturum vates respondet.
Alexandro, si fidem oraculi vera ratione deliberavisset, responsa vana profecto visa essent. At Iovis filium se non modo appellari passus est, sed etiam iussit. Et postea Macedones, qui maiore libertate adsueti erant
30 quam ceterae gentes, a rege immortalitatem petente se averterunt.

---

1 **deserta, -orum** *Wüste*
5 **tolera-bilis, e:** zu **tolerare** – **quidem ... sed** *zwar ... aber* – **fervidus** *heiß* – **profundus** *tief* – **aridus** *trocken*
10 **exurere** *verbrennen* – **consecratus** *heilig* – **maximus natu** *der älteste*
15 **adgnoscere** *anerkennen* – **vates** *Seher, Priester* – **rector:** zu **regere** – **interfector:** zu **interficere** – **poenas solvere** *bestraft werden*
25 **adsuetus** (m. Abl.) *gewöhnt an*

1. Curtius Rufus zieht in seiner Berichterstattung die „indirekte Rede" der „direkten Rede" meist vor. Wie hätte er die Antwort des Priesters (Z. 20-22) formuliert? Vergleiche dazu Text 4, Aufgabe 1.

2. *Was verstand man in der griechischen Antike unter einem Orakel? Informiere dich in einem Nachschlagewerk.*

3. *In Z. 20 stehen die Wörter „pater" und „Philippus" im Gegensatz zueinander. Ganz offensichtlich handelt es sich nicht um dieselbe Person. Erkläre diese Antwort des Priesters.*

4. *Was gewinnt Alexander durch seine strapaziöse Expedition zum Heiligtum des Iuppiter Hammon in die Oase Siwa? Ordne deine Antwort nach Einzelaspekten und suche dafür möglichst viele Textbelege.*

Luftaufnahme der Tempel von Siwa (Aufn. des Deutschen Archäologischen Instituts Kairo, 1997)

5. *Napoleon I. (1769-1821) kommentiert Alexanders Aufenthalt in der Oase Siwa folgendermaßen: „Es ist eine politische Großtat von ihm, dass er Iuppiter Hammon besuchte; auf diese Weise gewann er Ägypten. Wäre ich im Orient geblieben, so hätte ich wahrscheinlich ein Reich gegründet wie Alexander, ich wäre nach Mekka gepilgert und hätte dort meine Gebete verrichtet und Kniebeugungen gemacht."*
(Gespräch mit General Gourgaud, 7. Januar 1818)
Deckt sich die Einstellung Alexanders, wie sie im Text zum Ausdruck kommt, mit der Napoleons? Urteile auf der Basis von Textbelegen.

6. *Curtius Rufus kritisiert Alexander. Was genau kritisiert er? Antworte ausführlich und untermauere alle Aussagen mit Textbelegen.*

7. *Im Abschnitt Z. 27-30 wird ein Konflikt angedeutet, der zwischen Alexander und seinen Makedonen entsteht. Stell dir vor, du wärest ein furchtloser Makedone, der die Aussagen dieser Zeilen dem König vorhält. Formuliere (auf Deutsch) eine kurze Rede vor dem Thron Alexanders.*

Alexander übergibt im Jahre 331 die eroberte persische Stadt Susa einem makedonischen Statthalter, ebenso die Burg und die Schatzkammer. König Darius ist auf der Flucht; seine Mutter, die Königin Sisigambis, und seine Kinder befinden sich dort schon längere Zeit in der Obhut des Siegers Alexander.

Forte Macedonicae vestes multaeque purpurae ex Macedonia Alexandro missae sunt. Quas Sisigambi reginae dari iussit - nam eam omni honore et pietate filii afficiebat - illamque admoneri iussit, ut, si vestis ei placeret, neptes suas vestem conficere doceret.

5 Ad haec verba lacrimae obortae prodiderunt reginam hoc munus aspernari: nam feminae Persarum nihil aliud maiorem contumeliam accipiunt quam manus ad lanam admovere.

Nuntiant amici, qui dona attulerant, tristem esse Sisigambim, Alexandroque res digna excusatione et solacio visa est. Ipse ergo venit ad

10 eam et „Mater", inquit, „haec vestis, qua indutus sum, non solum donum, sed etiam opus sororum mearum est: nostri mores me deceperunt! Oro, ne contumeliam accipias ignorationem meam! Omnes tui mores, quos cognovi, abunde servati sunt, ut spero. Scio apud vos filio nefas esse in conspectu matris considere, nisi cum illa permisit: quotiens-

15 cumque ad te veni, restiti, donec permitteres. Procumbens venerari me saepe voluisti: prohibui. Nomen matris, quod matri Olympiadi dulcissimae debitum est, tibi reddo."

---

1 **purpura** *Purpurkleid* – **neptis, -is** f *Enkelin*
5 **oboriri, oborior, obortus sum** *hervorbrechen* – **contumeliam accipere** *als Schande empfinden* – **lana** *Wolle* – **admovere:** zu **movere** – **excusatio, -onis:** zu **excusare**
10 **ignoratio, -onis** f: zu **ignorare** – **abunde** *ganz und gar* – **quotienscumque** *sooft auch immer; immer wenn*
15 **procumbere** *auf die Knie fallen* – **nomen** hier: *Ehrenname*

 1. Die Nachsilbe („das Suffix") „-cumque" hat eine verallgemeinernde Bedeutung und wird im Deutschen übersetzt mit „... auch immer". Was heißt demnach:

ubicumque,
quicumque,
quandocumque?

2. Es kommt zu einem Konflikt zwischen Alexander und der Königin.

Wäre er vermeidbar gewesen? Suche für die Begründung deines Urteils Argumente aus dem Text.

Kennst du, vielleicht in der Literatur oder aus unserer Gegenwart, einen vergleichbaren Konflikt? Wie ist dieser entstanden? Wie hat man ihn zu lösen versucht?

3. Aus Alexanders Reaktionen können wir einige seiner Charaktermerkmale entnehmen. Welche kannst du erschließen?

4. Der Autor des Textes berichtet nichts darüber, ob und was Sisigambis geantwortet hat. Hole dieses Versäumnis nach und schreibe eine Antwort der Königin in wenigen Sätzen.

Die Familie des Darius vor Alexander. Gemälde von P. Veronese (1528-1588), London, Nationalgalerie

Die Perserstädte Babylon und Susa sind erobert. Im Jahre 330 kommt Alexander nach Persepolis, in die Residenzstadt der persischen Großkönige. Sie ist die reichste aller Städte und mit ungeheuren Schätzen angefüllt. Ihre Einwohner ergeben sich kampflos den Eroberern. Alexander möchte die Stadt schonen, gibt aber dem Drängen seiner Soldaten nach und überlässt sie seinem Heer zur Plünderung. Nur die Königsburg („regia") mit ihrem berühmten Thronsaal unterstellt er dem Schutz des Nikarchides und einer Truppe von 3000 Makedonen. Nach dreißig Tagen kommt es zu einem verhängnisvollen Weingelage.

Alexander de die inibat convivia, quibus feminae, scorta etiam, intererant. Ex his una, Thaïs nomine, iam ebria: „Tu, Alexander", inquit, „maximam apud omnes Graecos gratiam habebis, si regiam Persarum incendi iusseris. Hoc Graeci exspectant, quod barbari
5 urbes eorum deleverunt."
Ebrio scorto nonnulli convivae mero onerati assentiuntur. Rex quoque avidior fuit quam patientior: „Ulciscamur ergo Graeciam et faces in urbem iniciamus!"
Omnes incaluerant mero: itaque surgunt ebrii ad incendendam urbem,
10 cui antea pepercerant. Primus rex ipse ignem regiae iniecit, tum convivae et ministri scortaque. Regia magna ex parte cedro aedificata celeriter igne deleta est. Quod ubi exercitus, qui haud procul ab urbe tendebat, conspexit, id incendium fortuitum esse arbitratus ad auxilium ferendum concurrit. Sed milites, ubi ad vestibulum regiae venerunt, vident regem
15 ipsum adhuc conicientem faces. Omissa igitur, quam portaverant, aqua ipsi aridam materiem in incendium iacere coeperunt.
Hunc exitum habuit totius Orientis regia, unde tot gentes antea iura petebant, unde tot reges proficiscebantur, unde quondam terror Graeciae ortus erat!
20 Pudebat Macedones tam praeclaram urbem a rege ebrio deletam esse. Itaque Macedones - sobrii facti - credebant illam delendam fuisse.
Ipsum Alexandrum, ubi ebrietas finita est et mens rediit, paenituit et „Persae", inquit, „maiores poenas dedissent, si me ipsum in solio regiaque Xerxis conspicere coacti essent."

---

1 **de die** *am Tage* – **scortum** *Hure* – **ebrius** *betrunken*
5 **conviva, -ae** m *Gast* – **merum** *(unvermischter) Wein* – **patiens** *geduldig* – **fax, facis** *Brandfackel* – **incaluisse** hier: *berauscht sein*
10 **cedrus** *Zedernholz* – **tendere** *(in Zelten) lagern* – **fortuitus** *zufällig* – **vestibulum** *Vorhalle*
15 **aridus** *trocken*
20 **sobrius** *nüchtern* – **ebrietas** *Trunkenheit* – **solium** *Thron*

1. „Iusseris" (Z. 4) ist eine Form des Futur II.
Trage den Vorgang des Hauptsatzes („habebis") und des Gliedsatzes („iusseris")
auf einem Zeitstrahl ein. Welches Zeitverhältnis liegt also vor?
Das deutsche Futur II klingt sehr schwerfällig. Welche anderen deutschen Tempora können dafür gebraucht werden?
Bestimme folgende Formen:
iussero – iusserunt – iusseramus – iusserim – iusserit.

2. *In den Z. 17-19 häufen sich sprachlich-stilistische Mittel. Welche sind es, was drücken sie aus?*

3. *Alexander wird als nicht „patiens" beschrieben. Angenommen, Alexander hätte in dieser Situation „patientia" besessen, was hätte er Thaïs geantwortet? Formuliere zwei Sätze.*
Kannst du das auch auf Latein ausdrücken? Versuche es.

4. *Die Makedonen schämen sich ihrer Tat und versuchen sich zu rechtfertigen. Welche Argumente benutzen sie dabei?*
Kennst du Beispiele für diese Art von Rechtfertigungsversuchen aus der Gegenwart?

Fassade des Palastes des Darius (Rekonstruktion von Chipiez), Paris, Nationalbibliothek

Bei den Makedonen wächst die Empörung darüber, dass Alexander in der Art eines persischen Herrschers nun auch von ihnen den Kniefall als Begrüßungsgeste fordert. Als der König einen jungen Makedonen wegen eines Verhaltensfehlers bei der Jagd überaus hart bestraft, kommt es im Jahre 328 v. Chr. zu einer Verschwörung. Kurz vor der geplanten Ermordung Alexanders wird die Verschwörung jedoch durch Verrat aufgedeckt; die beteiligten jungen Männer werden in Ketten gelegt. Einer der Verschwörer, Hermolaus, bekommt die Gelegenheit, öffentlich in einer Rede darzulegen, was sie zu ihrem Schritt bewogen hat.

Triginta milia mulorum aurum captum tibi trahunt, cum milites nihil nisi gratuitas cicatrices domum ferant. Quae omnia tamen tolerare potuimus, antequam nos Persis tradidisti et novo more nos victores sub iugum misisti. Persarum vestis et disciplina te delectant,

5 patrios mores odisti. Persarum ergo, non Macedonum regem occidere voluimus et te transfugam iure belli persequimur. Nobis non ut ingenuis hominibus, sed ut servis imperare coepisti: Tu Macedones voluisti genua tibi flectere venerarique te ut deum.

Miraris, si liberi homines superbiam tuam ferre non possumus? Quid

10 speramus ex te, quoniam nobis aut moriendum est aut, quod tristius morte est, in servitute vivendum?

Tu quidem, si emendari potes, multum mihi debes. Ex me enim primum audivisti, quid ingenui homines ferre non possint.

Nos autem iube supplicio affici, ut consequamur ex nostra morte, quod

15 ex tua petiveramus."

Haec Hermolaus locutus est.

---

1 **triginta** *dreißig* – **mulus** *Maultier* – **gratuitus** *unentgeltlich; ohne Bezahlung* – **cicatrix, -tricis** f *Narbe*
5 **trans-fuga** *Überläufer* – **genu, genus** n *Knie*
10 **emendari** *sich bessern*

1. Erkläre deine Übersetzung der nd-Formen in Zeile 10f.
Übersetze folgende Sätze und bestimme anschließend die nd-Formen.

Nos tibi sub iugum non mittendi sumus!
Macedonibus genua flectenda erant.
Non parati ad genua flectenda sumus.
Tempus moriendi non adest.

2. *Warum wollten Hermolaus und seine Freunde Alexander töten?*
Lege zu den von dir herausgefundenen Beweggründen für den geplanten Mord auf der Grundlage des Textes jeweils ein Wortfeld an.

3. *Nach der Schlacht bei Issus im Jahre 333 besucht Alexander die gefangenen persischen Königinnen (vgl. Text 6) zusammen mit seinem Freund Hephaistion. Die Perserinnen halten den Freund für den makedonischen Herrscher und werfen sich vor ihm nieder. Über den Irrtum aufgeklärt bittet Sisigambis, die Mutter des Darius, auf den Knien flehend um Vergebung. Der König richtet Sisigambis wieder auf und sagt: „Du bist nicht im Irrtum, Mutter, – er ist auch Alexander." (Curtius Rufus III 12)*

Die Episode vermittelt einen anderen Eindruck von Alexanders Verhalten als die Rede des Hermolaus fünf Jahre später.
Nenne Unterschiede im Verhalten Alexanders.

4. *Der venezianische Maler Paolo Veronese (1528 – 1588) hat diese Episode dargestellt (s. Abb. zu Text 6). Interpretiere Gestik und Haltung Alexanders auf dem Gemälde.*

5. *Alexander hat Hermolaus bis zum Ende seiner Rede aufmerksam zugehört. Nach einer langen Pause des Schweigens sagt er: „Erkläre mir den letzten Satz deiner Anklage, Hermolaus!"*
Formuliere, was Hermolaus Alexander antworten könnte.

Alexander reagiert mit einer groß angelegten Rede auf die Vorwürfe des Hermolaus. Zuerst widerlegt er Punkt für Punkt dessen Vorwürfe und beschuldigt Hermolaus der Undankbarkeit und des Verrats, danach geht er näher auf die Kritik ein, er nehme Sitten der Perser an und ehre sie zu sehr.
Am Ende seiner Rede taucht schon das nächste Ziel Alexanders auf: Indien.

Totum exercitum adspicite: qui paulo ante nihil praeter arma habebat, nunc cubat in argenteis lectis! Milites mensas auro onerant, servorum greges secum ducunt, spolia hostium sustinere non possunt.

5 At quid dicam de Persis, quos vicimus et qui nunc in magno honore sunt apud me?

Id quidem certissimum indicium moderationis meae est, quod ne victis quidem superbe impero. Veni enim in Asiam, non ut funditus everterem gentes nec ut terras solitudinem facerem, sed ut illi, quos bello subegis-
10 sem, libenter sub imperio meo viverent. Itaque Persae nunc vobiscum militant, pro imperio vestro sanguinem fundunt. Sin autem a me superbe habiti essent, rebellavissent. Non est diuturna possessio, quam gladio consequimur: beneficiorum gratia aeterna est. Si habere Asiam, non transire volumus, cum his communicanda est nostra clementia: horum fides
15 imperium stabile et aeternum faciet!

Et me accusat Hermolaus me Persarum mores in Macedones transfundere!

In multis gentibus res imitandas video; nec aliter tantum imperium apte regi potest, quam ut quaedam et tradamus illis et ab iisdem discamus.
20 Postulat Hermolaus, ne diutius deus colar. An in mea potestate est negare Iovem mihi nomen filii obtulisse? Quod recipere ipsi expeditioni, quam agimus, non alienum fuit! Utinam Indi quoque me deum esse credant! Victoriae enim saepe fama constant, et saepe id, quod falso creditum est, verum putatur."

Alexander beendet seine Rede mit dem Vorwurf, Hermolaus und die anderen Verschwörer seien Hochverräter, die die erreichten Erfolge hätten zunichte machen und die Makedonen ihres Königs hätten berauben wollen. Dann löst Alexander die Versammlung auf und übergibt die Verschwörer jungen makedonischen Offizieren. Diese töten ihre Altersgenossen auf besonders grausame Weise, um so dem König ihre Treue zu beweisen.

5 **moderatio, -onis** f *maßvolles Vorgehen* – **funditus** (Adv.) *von Grund auf*
10 **militare** *als Soldat dienen* – **rebellare** *sich widersetzen*
15 **transfundere in** *übertragen auf*
20 **alienus** hier: *unzweckmäßig* – **constare** (m. Abl.) *beruhen auf*

1. Ordne den Konjunktivformen die zutreffende Funktion zu:

dicam (Z. 5)	Optativ (a)
everterem (Z. 8)	Deliberativ (b)
habiti essent (Z. 12)	Irrealis (c)
tradamus (Z. 19)	konsekutiver Gliedsatz (d)
colar (Z. 20)	abhängiger Wunschsatz (e)
credant (Z. 22 f.)	finaler Gliedsatz (f)

2. Im Text 8 kritisiert Hermolaus, ein makedonischer Jüngling, Alexander sehr heftig. Du findest in der linken Spalte Kernsätze der Kritik aus Text 8. Übertrage die Tabelle in dein Heft und suche aus dem Text 9 Formulierungen heraus, die als Erwiderung auf die einzelnen Kritikpunkte verstanden werden können.

Kritik des Hermolaus [Text 8]	Erwiderung Alexanders [Text 9]
1. „... milites nihil nisi gratuitas cicatrices domum ferant" (Z. 1 f.)	
2. „... nos Persis tradidisti" (Z. 3)	
3. „Persarum vestis et disciplina te delectant" (Z. 4)	
4. „Nobis non ut ingenuis hominibus, sed ut servis imperare coepisti" (Z. 6 f.)	
5. „Tu Macedones voluisti genua tibi flectere venerarique te ut deum" (Z. 7 f.)	

3. *Welcher Kritikpunkt wird überzeugend, welcher nur unbefriedigend oder von Alexander überhaupt nicht widerlegt?*

4. *Nach welchen Grundsätzen behandelt Alexander die Perser? Welche Ziele verfolgt er mit diesem Verhalten?*
Untersuche unter diesen beiden Fragen die Zeilen 5-15 des Textes.

5. *Suche Beispiele aus der Gegenwart und aus nichtmilitärischen Lebensbereichen, in denen das von Alexander in Z. 23 f. beschriebene Prinzip ebenfalls beobachtet werden kann.*

Die Schlacht bei Issus (sog. Alexandermosaik, gefunden in Pompeji), Neapel, Nationalmuseum

Alexander überschreitet im Frühjahr 326 den Indus, zieht weiter nach Osten und erreicht im Sommer den Oberlauf des Hyphasis. Er plant den Weiterzug zum Ganges; bis dorthin sollen es noch elf Tagesmärsche durch unwirtliches Gebiet sein; die Völkerstämme dort sollen über große Truppen und 3000 Kampfelefanten verfügen. Alexander, von Verlangen nach Ruhm (avaritia gloriae, cupido famae) erfüllt, versucht, mit einer Rede seine kriegsmüden und umkehrwilligen Soldaten zum Weiterziehen zu bewegen:

Cum per Hellespontum navigaremus, de paucitate nostra cogitandum fuit: nunc nos Scythae sequuntur, Bactriani Sogdianique inter nos militant. Nec tamen illi turbae confido: in vestra virtute spem pono! Quamdiu vobiscum in acie stabo, neque meos neque hostium milites numero! Non in initio operum laborumque nostrorum, sed in exitu stamus! Iam pervenimus ad solis ortum et Oceanum; nisi obstat ignavia, inde domito terrarum fine victores revertemur in patriam! Nolite maturos fructus per inertiam amittere e manibus! Maiora sunt periculis praemia: dives et imbellis est ea regio. Itaque non tam ad gloriam vos duco quam ad praedam. Oro quaesoque, ne me - alumnum vestrum, commilitonem, regem - paulo ante terminos rerum humanarum deseratis! Cetera vobis imperavi, hoc unum oro.

Audite preces meos et tandem obstinatum silentium rumpite! Ubi est ille clamor, signum studii vestri? Ubi ille meorum Macedonum vultus? Non recognosco vos, milites, nec recognosci videor a vobis. Iam diu surdas aures pulso, aversos animos et infractos excitare conor!"

Cum illi demissis in terram capitibus tacere perseverant, „Nescio quid" inquit „in vos imprudens deliqui, quod me ne intueri quidem vultis. In solitudine mihi videor esse. Nemo respondet, nemo negat. Quos adloquor? Quid autem postulo? Vestram gloriam et magnitudinem vindicamus! Desertus sum, hostibus deditus.

Sed solus quoque ire perseverabo! Obicite me fluminibus et bestiis et illis gentibus, quarum nomina horretis! Inveniam alios, qui me a vobis desertum sequantur: Scythae Bactrianique erunt mecum! Ite domos! Ite deserto rege gaudentes! Ego hic victoriam, quam desperatis, aut mortem honestam inveniam!"

---

1 **pauc-itas, -atis** f *geringe Zahl* – **militare** *Kriegsdienste leisten*

5 **inertia** *Trägheit* – **imbellis, e** *unkriegerisch*

10 **alumnus** *Schützling, Ziehkind* – **com-milito, -onis** *Kamerad* – **terminus** *Grenzstein;* (Pl.) *Grenze* – **obstinatus** *verstockt*

15 **re-cognoscere** *wiedererkennen* – **surdus** *taub* – **infractus** hier: *entmutigt, niedergeschlagen* – **perseverare** *beharrlich bei etwas bleiben* – **de-linquere, delinquo, deliqui** *einen Fehler begehen* – **ad-loqui:** zu **loqui**

1. Suche alle Imperative heraus; verneine sie. Das Muster für einen verneinten Imperativ findest du im Text in Z. 7 f.

2. *Als Alexander beim Sprechen den mangelnden Erfolg seiner Rede spürt, verstärkt er seine rednerischen Anstrengungen.*
Um welche Stelle handelt es sich? Was möchte Alexander erreichen und welche sprachlichen Mittel benutzt er dafür?

3. *Was wollen die Soldaten Alexanders?*
Wie begründen sie ihre Wünsche?

4. *Alexander stößt trotz verstärkter Bemühungen auf taube Ohren; er reagiert trotzig.*
In welchen Formulierungen zeigt sich diese Trotzreaktion? Zeige die Widersprüche auf, in die er sich verwickelt.

5. *Alexanders Rede hat nicht zu dem Erfolg geführt, den er sich wünschte.*
Schreibe ihm eine kurze neue Rede, die mehr Erfolg haben könnte.

Landschaft im äußersten Osten des Eroberungszuges (Foto: S. Jahn, Kiel 1997)

Alexander steht mit seinen Truppen am östlichsten Punkt seiner Expedition, nahe der heutigen Stadt Amritsar. In einer leidenschaftlichen Rede hat er versucht, seine Soldaten zum Weitermarsch ins Innere Indiens und zum Ganges zu bewegen (s. Text 10). Sein Heer hatte mit Schweigen reagiert. Da ergreift der Offizier Coenus das Wort und redet Alexander öffentlich an:

Vicisti, rex, magnitudine rerum gestarum non modo hostes, sed etiam milites tuos. Quidquid mortales capere poterant, implevimus. Maria terraeque, quae emensi sumus, melius nobis quam incolis nota sunt. Paene in ultimo mundi fine consistimus. Nunc in alium
5 orbem paras ire et Indiam quaeris Indis etiam ignotam. Homines inter bestias serpentesque viventes ex latebris suis excitare petis, ut plura, quam sol videt, victoria lustres.
Digna quidem cogitatio animo tuo, sed altior nostro! Virtus enim tua semper in incremento erit, nostra vis iam in fine est.
10 Intuere corpora exsanguia, tot vulneribus perfossa, tot cicatricibus affecta! Iam tela hebetia sunt, iam arma deficiunt! Veste Persica induti, quia domestica vestis apportari non potest, in externum cultum degeneravimus!
Quodsi certum est nos in Indiam penetraturos esse, minus periculosum
15 est iter in regionem ad meridiem, non ad orientem spectantem pergere; licebit decurrere in illud mare, quod generi humano terminum posuit natura."
Ubi Coenus finem orationi imposuit, etiam alii duces, praecipue seniores, quibus ob aetatem et excusatio honestior erat et auctoritas maior, eadem
20 precabantur.
Alexander neque castigare obstinatos neque lenire poterat iratus. Itaque inops consilii claudi regiam iussit omnesque - praeter nonnullos familiares - adire prohibuit.
Biduum irae datum est. Tertio die processit e regia erigique duodecim
25 aras ex quadrato saxo monumentum expeditionis suae iussit.
Hinc ad flumen Acesinen repetivit.

Den Akesines erreicht Alexander über den Nebenfluss Hydaspes. Mit einer neu gebauten Flotte segelt er im November 326 auf dem Indus flussabwärts bis zum Ozean.

---

1 **emetiri, emetior, emensus sum** *durchschreiten, zurücklegen*

5 **latebra, -ae** *Versteck –* **lustrare** *ans Licht bringen –* **incrementum** *Wachstum*

10 **ex-sanguis, e** *ausgeblutet, kraftlos –* **perfodere, perfodio, perfodi, perfossum** *durchbohren –* **cicatrix, -tricis** f *Narbe –* **hebes, hebetis** *stumpf –* **degenerare** *sich herabwürdigen lassen*

15 **terminus** *Grenze (Der Indische Ozean wurde im Zeitalter des Hellenismus als das Ende der Welt verstanden; vgl. Text 4, letzte Anm.) –* **excusatio** *Entschuldigung*

20 **castigare** *zurechtweisen –* **obstinatus, a, um** *fest entschlossen –* **inops** (m. Gen.) *bedürftig –* **biduum** *Zeitraum von zwei Tagen*

25 **expeditio, -onis** f *Feldzug*

1. Lege nach diesem Muster in deinem Heft eine Tabelle an, suche aus dem Text Komparativformen heraus, ordne sie in die dazugehörende Steigerungsreihe ein und ergänze die fehlende Form.

Positiv	Komparativ	Superlativ
magna		
		optime
multa		
alta		
		minime
honesta		

2. Das Wort „iratus" (Z. 21) hat an dieser Stelle eine große Bedeutung. Versuche das in einer freieren Übersetzung auszudrücken.

3. *Mit welchen Argumenten versucht Coenus, Alexander zum Abbruch des Eroberungsfeldzuges zu bewegen?*
Welches Argument überzeugt dich am meisten? Welches überzeugt dich nicht?

4. *Durch die Art seiner Formulierung will Coenus auch die Gefühle ansprechen. Mit welchen sprachlichen Mitteln versucht er das zu erreichen?*

5. *In Z. 16 f. wird das Weltbild der damaligen Zeit angesprochen. Sammle Informationen darüber.*

Alexander ist nach Babylon zurückgekehrt, wo er Hof hält. Er empfängt Gesandte aus der ganzen Welt. Im Jahre 323 erkrankt er an Malaria (oder Typhus) und fühlt sein Ende nahen. Seine anhänglichen Soldaten, angeführt von Perdiccas, dem Befehlshaber der königlichen Leibgarde, erzwingen sich Zugang zu ihrem sterbenden König und stehen schweigend und trauernd an seinem Lager. Mit letzter Kraft nimmt Alexander Abschied.

P ermanebat in eodem habitu corporis, in quo milites admiserat, donec a toto exercitu postremum salutatus est. Dimisso vulgo fatigata membra reiecit velut omni debito vitae liberatus.

Propius adire amicos iussit - nam et vox deficere iam coeperat -, anulum
5 digito detractum Perdiccae tradidit. Tum mandavit, ut corpus suum ad Iovem Hammonem ferri iuberent. Alexander amicis quaerentibus, cui relinqueret regnum, respondisse traditur: „Ei, qui est optimus". Perdicca interrogante, quando caelestes honores haberi sibi vellet, dixit tum velle, cum ipsi felices essent.
10 Suprema haec vox fuit regis, et paulo post mortuus est.

Lamenta planctusque totam regiam implebant; mox velut in vasta solitudine omnia tristi silentio muta torpebant.

Nunc ii Macedones barbarique, qui extra regiam steterant, concurrunt, nec poterant victi a victoribus in communi dolore discerni. Persae eum
15 iustissimum ac mitissimum dominum, Macedones optimum ac fortissimum regem invocabant.

Occurrebant ante oculos vigor et vultus regis milites in proelium educentis, urbes obsidentis, muros ascendentis, fortes viros donantis.

Et hercule, ii qui iuste aestimant regem, iudicant virtutes naturae eius
20 fuisse, vitia autem fortunae vel aetatis. Ingentia ei dona ingenii erant.

Vitia autem erant: dis se aequare et caelestes honores vindicare et oraculis talia suadentibus credere et iis, qui ipsum tali modo venerari indignabantur, vehementius, quam aptum esset, irasci. Iracundiam autem et cupidinem vini, gloriae laudisque iuventus effecerat, senectus mitigare
25 potuisset.

---

1 **postremum** (Adv.) *zum letzten Mal* – **debitum** *Verpflichtung* – **anulus** *Siegelring*
5 **caelestes honores habere** *göttliche Ehren erweisen*
10 **lamenta, -orum** *Jammern* – **planctus, -us** *Wehklagen*
15 **occurrere ante oculos** *vor Augen treten* – **vigor** *Tatkraft* – **naturae esse** *in der Natur seinen Grund haben*; übersetze entsprechend: **fortunae / aetatis esse**
20 **mitigare** *mildern*

1.1 In Zeile 6f. liegt eine Konstruktion vor, die man „Nominativ mit Infinitiv" (Nominativus cum Infinitivo – NcI) nennt. Der Satz könnte auch als „Akkusativ mit Infinitiv" konstruiert sein. Er würde dann lauten: „Alexandrum amicis … respondisse traditum est." Worin unterscheiden sich die beiden Konstruktionen?

1.2 Versuche den „NcI" auf verschiedene Arten zu übersetzen. Vergleiche deine Übersetzungen mit den in deiner Grammatik angegebenen Möglichkeiten! Verändern die unterschiedlichen Übersetzungsmöglichkeiten die Aussage des Satzes?

1.3 Übersetze:
Alexander olim sacerdotem captum interrogavisse fertur: „Quis plus videt, oculus vel ratio hominis?" Tum sacerdos sapientissimus respondisse dicitur: „Ratio! Ea homo etiam per muros spectare potest!"

2. *Alexanders Freunde sind mit seiner in Z. 7 abgedruckten Antwort auf ihre Frage nach dem Nachfolger unzufrieden. Sie wünschen sich eine genauere Antwort. Es kommt zu einem kurzen Dialog zwischen ihnen und dem sterbenden König. Schreibe diesen Dialog.*

3. *Der Autor fasst in den Z. 19 ff. die Schwächen und Stärken des makedonischen Königs zusammen. Wie erklärt er Alexanders Schwächen? Beurteilt der Autor Alexander zu nachsichtig? Nimm Stellung.*

4. *Vergleiche den Gesichtsausdruck Alexanders in den drei Porträts. Welche der im Text dargestellten Eigenschaften Alexanders finden sich in welchem Porträt wieder?*

Alexanderkopf aus Pergamon (Mitte 2. Jh. v.Chr.), Istanbul, Archäolog. Museum

Alexanderkopf aus dem Alexandermosaik, Neapel, Nationalmuseum

Alexanderkopf (vermutl. 1. Jh. v.Chr.), München, Glyptothek

5. *Alexander wurde in Babylon beigesetzt. Am Eingang seines Mausoleums soll eine Platte mit einer Inschrift angebracht werden, die nicht mehr als ca. zehn Wörter enthalten soll. Fertige einen Entwurf für die Gestaltung der Platte an und formuliere eine Inschrift auf Deutsch (und, wenn du kannst, auf Lateinisch).*

Fläche des Alexanderreiches

Feldzüge Alexanders

Route des Nearchos

CHALDAEA Gebietsbezeichnungen

Himalaya Gebirgsnamen

Euphrates Flussnamen

Babylon ● Ortsnamen

Alexandreia Eschate
(Chodschend)

SCYTHIA

Oxianus lacus

Oxus

Bagai

Marakanda
(Samarkand)

SOGDIANA

Himalaya

Mare aspium

Alexandreia
Oxianes

Bactra
(Balch)

BACTRIA

Aornos

Zadrakarta

PARTHIA

Susia

AREIA

Kaiber-
Pass

Nikaia

Acesines Hydaspes

Acesines

Nikala

Amritsar

EDIA

Orthospana
(Kabul)

IRAN

DRANGIANE

Alexandreia
Ariones
(Herat)

Indus

Hyphasis

Ecbatana

AM

Susa

PERSIS

Alexandreia
Arachosias
(Kandahar)

ARACHOSIA

Alexandreia
Indike

INDIA

Persepolis

Harmozia
(Hormuz)

GEDROSIA

Pattaia

Ginus Persicus

Alexander-
hafen

Oceanus Indicus

Die im Folgenden aufgeführten lektürerelevanten Wörter und Wendungen sind alle in der lateinischen Wortkunde von K. Raab und M. Kessler belegt; sie sind Benutzern des Lehrwerks FELIX A noch nicht bekannt.

1 Der Gordische Knoten

quōndam	einst
in potestātem redigere,	unter seine Herrschaft bringen,
redigō, redēgi, redāctum	unterwerfen
celāre	verheimlichen, verstecken
suspēnsus, a, um	unentschieden, schwankend
sollicitus, a, um	heftig erregt, beunruhigt
seriēs, serieī *f*	Reihe, Reihenfolge
inicere, iniciō, iniēcī, iniectum	hineinwerfen, einflößen
ōmen, ōminis *n*	Vorzeichen, Vorbedeutung
interest	es ist ein Unterschied
rumpere, rumpō, rūpī, ruptum	brechen (*trans.*), durchhauen
explēre, expleō,	erfüllen
explēvī, explētum	

2 Alexander und sein Arzt

medicus	Arzt
fīdus	treu, zuverlässig
admodum *Adv.*	völlig, sehr
custōs, custōdis *m*	Wächter, Beschützer
cāritās, cāritātis *f*	Liebe, Zuneigung
strēnuus	tüchtig, stark
remedium	Heilmittel
morbus	Krankheit
levāre	erleichtern, von etwas befreien

mora	Aufschub, Verzögerung, Verzug
nūptiae, nūptiārum f	Hochzeit
sollicitūdō, sollicitūdinis f	Unruhe, Beunruhigung, Besorgnis
ēnūntiāre	ausplaudern, verraten
sinister, sinistra, sinistrum	der/die linke
crīmen, crīminis n	Vorwurf, Verbrechen
obicere, obiciō, obiēcī, obiectum	entgegenwerfen; vorwerfen, entgegnen
vēna	Ader
concipere, concipiō, concēpī, conceptum	aufnehmen, empfangen
diffundere, diffundō, diffūdī, diffūsum	zerstreuen, verbreiten
cōnspectus, cōnspectūs m	Anblick, Gesichtskreis

3 Die Eroberung der Stadt Tyrus

mōlēs, mōlis f	Masse, Last, Steindamm
latus, lateris n	Seite
procul $m.$ $Abl.$	fern, fern von
tēlum	Wurfgeschoss, Pfeil
rāmus	Ast, Zweig
onerāre	beladen, erschweren
iacere, iaciō, iēcī, iactum	werfen, schleudern
penetrāre	eindringen, vordringen
lābī, lābor, lāpsus sum	sinken, fallen
aeger, aegra, aegrum	krank, ärgerlich, traurig
mē pudet	ich schäme mich
cīrcā $m.$ $Akk.$	um
fāma	Gerücht, Sage, Ruf
levis, e	leicht, unbedeutend

4 Der Briefwechsel Alexanders mit Darius

in mātrimōnium dūcere	heiraten (aus männlicher Sicht)
dōs, dōtis *f*	Mitgift
oriēns (sōl), orientis *m*	Osten, „Morgenland"
ad orientem spectāre	im Osten liegen
avis, avis *f*	Vogel
nātūralis, e	natürlich, angeboren, naturgemäß
levitās, levitātis *f*	Leichtigkeit, Leichtsinn
sīdus, sīderis *n*	Gestirn, Sternbild
efferre, efferō, extulī, ēlātum	aufheben, herausheben
praemium	Lohn, Belohnung
ōra	Küste
dēstināre	festsetzen, bestimmen

5 Alexander in der Oase Siwa

mortālis, e	sterblich, vergänglich
contentus *m. Abl.*	zufrieden (mit)
vestīgium	Spur, Merkmal
occurrere, occurrō, occurrī, occursum	entgegentreten, begegnen, sich zeigen
dēficere, dēficiō, dēfēcī, dēfectum	zu Ende gehen, versagen
aestus, aestūs *m*	Hitze, Glut
accendere, accendō, accendī, accēnsum	anzünden, in Brand setzen
oblīvīscī, oblīvīscor, oblītus sum *m. Gen.*	vergessen
fātum	Götterspruch, Schicksal
dēstināre	festsetzen, bestimmen
adulārī	schmeicheln

dōnec *m. Konj.*	bis
num	ob
vānus, a, um	inhaltlos, leer, grundlos, unwahr
āvertere, āvertō,	abwenden
āvertī, aversum	

6 Ein Geschenk für die Königin

admonēre, admoneō,	ermahnen; auffordern
admonuī, admonitum	
mūnus, mūneris *n*	Amt, Aufgabe, Pflicht; Geschenk
prōdere, prōdō,	verraten; überliefern
prōdidī, prōditum	
aspernārī	verschmähen, zurückweisen
contumēlia	Schmach, Schande
excusāre	entschuldigen
sōlācium	Trost
nefās *n indekl.*	Unrecht, Frevel
cōnspectus, cōnspectūs *m*	Anblick, Gesichtskreis
venerārī	verehren, anbeten

7 Die Zerstörung der Königsburg

convīvium	Gastmahl
onerāre	beladen, belasten
avidus	gierig, begierig
inicere, iniciō, iniēcī, iniectum	hineinwerfen, einflößen
minister, ministrī *m*	Diener, Helfer
magnā ex parte	großenteils

procul *m. Abl.*	fern, fern von
incendium	Brand, Feuer, Brandstiftung
māteriēs, māterieī *f*	Material, Brennstoff
iacere, iaciō, iēcī, iactum	werfen, schleudern
mē pudet	ich schäme mich
mē paenitet	ich bereue, „es reut mich"
poena	Strafe
poenās dare	bestraft werden

8 Die Rede des Verschwörers Hermolaus

persequī, persequor, persecūtus sum	verfolgen, strafen
venerārī	verehren, anbeten
mirārī	sich wundern (über)
servitūs, servitūtis *f*	Sklaverei
prīmum *Adv.*	zuerst; zum erstenmal

9 Alexanders Gegenrede

aspicere, aspiciō, aspexī, aspectum	erblicken, ansehen
cubāre	liegen
lectus	Bett, Liege
onerāre	belasten, beladen
spolia, spoliōrum *n*	(erbeutete) Rüstung, Beute
indicium	(An-)Zeichen
sōlitūdō, sōlitūdinis *f*	Einsamkeit, Einöde
fundere, fundō, fūdī, fūsum	ausgießen, zerstreuen
diūturnus, a, um	langdauernd
possessiō, possessiōnis *f*	Besitz

communicāre cum aliquō	jemanden an etwas teilhaben lassen, mitteilen
stabilis, e	fest, standhaft, dauerhaft
imitārī	nachahmen
diū; diūtius; diūtissimē *Adv.*	lange; lange Zeit
fāma	Gerücht, (guter oder übler) Ruf

10 Das Heimweh der Soldaten

quamdiū	wie lange
numerāre	zählen
ortus, ortūs *m*	Aufgang (eines Gestirns); Osten; Entstehung, Ursprung
īgnāvia	Feigheit, Trägheit
mātūrus	reif; zeitig, früh
praemium	Lohn, Belohnung
quaesō	ich bitte
precēs, precum *f*	Bitten
precārī	bitten
rumpere, rumpō, rūpī, ruptum	brechen *(trans.)*, durchhauen
āvertere, āvertō, āvertī, āversum	abwenden, sich abwenden
sōlitūdō, sōlitūdinis *f*	Einsamkeit
horrēre, horreō, horruī *(trans.)*	schaudern (vor)

11 Der Abbruch des Eroberungsfeldzuges

quisquis, quidquid	wer auch immer; was auch immer
mortālis, e	sterblich; Mensch
paene *Adv.*	beinahe, fast
cōgitātiō, cōgitātiōnis *f*	Nachdenken, Gedanken, Vorhaben, Plan

domesticus, a, um	häuslich, einheimisch, vaterländisch
externus, a, um	ausländisch, fremd
penetrāre	eindringen, vordringen
meridiēs, meridieī *m*	Mittag, Süden
precārī	bitten
ērigere, ērigō, ērēxī, ērēctum	aufrichten, ermutigen

12 Alexanders Tod

admittere, admittō, admīsī, admissum	zulassen, Zutritt gewähren, anhören
vulgus, vulgī *n*	Volk, Heer
membrum	Glied
reicere, reiciō, reiēcī, reiectum	zurückwerfen, zurücklehnen
dēficere, dēficiō, dēfēcī, dēfectum	zu Ende gehen, versagen
digitus	Finger
suprēmus, a, um	der oberste, der höchste, der letzte
vāstus, a, um	öde; weit
mūtus, a, um	stumm, lautlos
torpēre, torpeō, torpuī	erstarrt sein
discernere, discernō, discrēvī, discrētum	trennen, unterscheiden
mītis, e	mild, sanft
ēdūcere, ēdūcō, ēdūxī, ēductum	herausführen, aufziehen
obsidēre, obsideō, obsēdī, obsessum	warten, belagern
aestimāre	schätzen, beurteilen
aequāre	gleichmachen, gleichstellen
venerārī	verehren, anbeten
īrācundia	Zorn, Jähzorn

Acesines	Nebenfluss des Indus (heute: Chenab/Pakistan)
Aeolis, Aeolidis	Landschaft an der Westküste von Kleinasien mit einigen vorgelagerten Inseln in der Ägäis (z.B. Lesbos)
Alexander, Alexandri	Makedonischer König 356 - 323 v. Chr. („der Große")
Araxes	Fluss im nördlichen Persien; fließt nach Osten in das Kaspische Meer
Babylon	Hauptstadt Babyloniens am Euphrat
Bactriani	die Baktrianer; Einwohner der Landschaft Baktrien (nördlich des Hindukusch)
Caucasus	der Kaukasus; Gebirge zwischen dem Schwarzen und dem Kaspischen Meer
Cilicia	Kilikien; Landschaft im südöstlichen Kleinasien
Coenus	Offizier im Heer Alexanders
Cydnus	Fluss in Kilikien (bei Tarsus, Kleinasien)
Dareus	Darius III., persischer Großkönig bis 330 v. Chr.
Ecbatana, -orum	Ekbatana; Hauptstadt von Medien (heute: Hamadan)
Euphrates	Euphrat; der südliche der beiden Ströme des sog. „Zweistromlands"
Ganges	Ganges; Fluss in Indien
Gordium	Residenzstadt der phrygischen Könige (im Inneren Kleinasiens)
Gordius	mythischer König von Phrygien
Halys (gr. Akk.: Halyn)	Fluss im mittleren Kleinasien (heute: Kizil Irmak)
Hellespontus	Meerenge zwischen Ägäis und Marmarameer (heute: Dardanellen)
Hermolaus	Name eines jugendlichen Verschwörers im Heer Alexanders
Hydaspes	östlicher Nebenfluss des Indus (heute: Jhelum)
Hyphasis	östlicher Nebenfluss des Indus (heute: Sutlej)
Indi	Bewohner Indiens
India	Indien
Indus	westlicher Grenzfluss Indiens; entspringt im Himalaya
Ionia	Jonien; griechisch besiedelte Landschaft im Westen Kleinasiens
Issus	Hafenstadt in Kilikien (Kleinasien); Schauplatz der Schlacht Alexanders gegen die Perser 333 v. Chr.

Iuppiter Hammon	widderköpfiger libysch-ägyptischer Orakelgott; von den Griechen als Zeus Ammon verehrt
Iuppiter, Iovis	Jupiter (Zeus); oberster der Olympischen Götter
Lydia	Lydien; Landschaft im westlichen Kleinasien
Macedo, Macedonis	der/ein Makedone
Macedonia	Makedonien
Macedonicus, a, um	makedonisch
Midas, Midae	mythischer König von Phrygien
Nicarchides	makedonischer Heerführer
Olympias, -iadis	Mutter Alexanders des Großen
Parmenio, -ionis	Würdenträger im Heer Alexanders
Perdiccas, -ae	Befehlshaber der Leibgarde Alexanders
Persa, Persae	Perser
Persepolis	Hauptstadt des persischen Reiches
Persicus, a, um	persisch
Philippus (1)	makedonischer König (ca. 382 - 336); Vater Alexanders
Philippus (2)	Arzt und Vertrauter Alexanders
Phryges, -um	Phryger (Bewohner von Phrygien)
Phrygia	Landschaft und Königreich im Innern Kleinasiens
Sangarius	Fluss im nordwestlichen Kleinasien (heute: Sakarya)
Scythae	die Skythen (Volksstamm am Schwarzen Meer)
Sisigambis	Mutter des Perserkönigs Darius
Siwa	Oase in der libyschen Sahara; Sitz des Orakels des Iuppiter Hammon (heute Ägypten)
Sogdiani	die Sogdianer (Volksstamm am Kaukasus)
Susa	Hauptstadt der persischen Provinz Susiana
Tarsus	Hauptstadt von Kilikien (Kleinasien)
Thaïs	Name einer Hetäre
Tigris	Tigris; der nördliche der beiden Ströme des sog. „Zweistromlands"
Tyrius	Tyrier (Einwohner von Tyrus)
Tyrus	Handelsstadt in Phönizien (heute: Sur/Libanon); Mutterstadt Karthagos
Xerxes, -is	Persischer Großkönig; baute die von Darius I. gegründete Residenz Persepolis weiter aus

359 – 336		Regierungszeit Philipps II., König der Makedonen
356	etwa 20. Juli	Geburt Alexanders
343 – 340		Aristoteles ist Lehrer Alexanders
340		Alexander wird Stellvertreter Philipps
336	Herbst	Ermordung Philipps; Herrschaftsantritt Alexanders
334	Frühjahr	Beginn des Feldzugs gegen die Perser
	ab Sommer	Einnahme der westlichen und südwestlichen Küstenregionen Kleinasiens
	Winter	Winterquartier in Phrygien
333	Sommer	Alexander zieht nach Kilikien
	Okt./Nov.	Schlacht von Issus
332	Jan. – Aug.	Belagerung von Tyrus
331	Frühjahr	Gründung von Alexandria in Ägypten; Zug zur Oase Siwa in der Sahara
	1. Oktober	Schlacht von Gaugamela
	Okt. – Dez.	Alexander in Babylon und Susa
330	Jan. – Mai	Alexander in Persepolis
329	Frühjahr	Überquerung des Hindukusch
328		Sicherung der Gebiete nördlich des Hindukusch
327	Frühjahr	Heirat mit der baktrischen Prinzessin Roxane; Verschwörung der „Pagen"
	Sommer	Beginn des Indienfeldzuges
326	Frühjahr	Überschreitung des Indus
	Sommer	Umkehr am Hyphasis; Bau der Altäre
	November	Beginn der Indusfahrt
325	Sommer	Ankunft am Indusdelta
	Herbst	Rückmarsch
324	Frühjahr	Alexander in Susa; Massenhochzeit der Makedonen mit einheimischen Frauen
323	Frühjahr	Göttliche Ehrungen für Alexander; Vorbereitung des Arabienfeldzuges
	10. Juni	Tod Alexanders in Babylon

Literaturverzeichnis

Textausgabe

Quintus Curtius Rufus: Geschichte Alexanders des Großen. Lateinisch und Deutsch von K. Müller und H. Schönfeld. München 1954

Erzählende Literatur

Baumann, H.:   Der große Alexanderzug. München 1994[11]

Fischer-Fabian, S.:Alexander. Der Traum vom Frieden der Völker. Hamburg 1994

Haefs, G.:   Alexander. Der Roman der Einigung Griechenlands. München 1995

Haefs, G.:   Alexander in Asien. Der Roman der Eroberung eines Weltreiches. München 1995

Huf, H.-Ch.:   Sturm über Asien. Alexander der Große erobert die Welt. In: Hans-Christian Huf: Sphinx – Geheimnisse der Geschichte, Bd. II. Hamburg 1998 (Das gleichnamige Buch zur Videoedition)

Lechner, A.:   Alexander der Große. Innsbruck, Wien 1995[2]

Mann, K.:   Roman der Utopie. Hamburg 1983

Verfilmungen

Auf den Spuren Alexanders des Großen, 4 Folgen (Laufzeit 4 x 45 Minuten) (Michael Wood)

Die großen Feldherren: Alexander der Große. Die Schlacht um Issos. Berlin 1996 (Laufzeit 45 Min.)

Sphinx. Geheimnisse der Geschichte. Sturm über Asien. Alexander der Große erobert die Welt. Mainz (Laufzeit 53 Min.)

Sachliteratur

Andreae, B.:   Das Alexandermosaik aus Pompeji. Recklinghausen 1977

Briant, P.:   Alexander, Eroberer der Welt. Abenteuer Geschichte. Ravensburg 1990

Gehrke, H.-J.:   Alexander der Große. München 1996

Seibert, J.:   Alexander der Große. Beiträge der Forschung Band 10. Darmstadt (1972) 1994[4]

Wirth, G.:   Alexander der Große. Reinbek 1973

Didaktische Literatur

Eller, G.:   Curtius Rufus. Der Alexanderroman. In: Höhn, W./Zink, N. (Hrsg): Handbuch für den Lateinunterricht. Sekundarstufe I. Frankfurt 1987, S. 300-307

Jösel, M.:   Stundenblätter. Alexander der Große/Die Diadochenreiche/Alexandria. Sekundarstufe I. Stuttgart 1984

Lind, I.:   Alexander – Halbgott oder Mensch? In: C. Utz u.a.:
                   Vom Lehrbuch zur Lektüre. Auxilia 36. Bamberg 1994, 98-115

Maier, F.:   Der Gordische Knoten. In: ders.: Stichwörter der europäischen
                   Kultur. Bamberg 1992, 58-63.

Maier, F.:   Stichwörter der europäischen Kultur. Lehrerkommentar. Bamberg
                   1992, 97-103

Petersen, T.:   Alexander der Große im Geschichtsunterricht. In: Geschichte
                   in Wissenschaft und Unterricht 7/8 (1996), 441-451

Diese Münze wurde etwa 15 Jahre nach Alexanders Tod von einem seiner Nachfolger geprägt. Sie zeigt Alexander mit vier Herrschaftssymbolen: Elefantenskalp (Symbol der Stärke), Aegis der Athene (Symbol der Unverwundbarkeit), Diadem (Symbol der Königsherrschaft), Hörner des widderköpfigen Iuppiter Hammon (Symbol der göttlichen Abkunft).
Aus diesen vier Merkmalen lässt sich erschließen, wie seine Nachfolger Alexander gesehen haben.

Inhalt

[1] Die Stellenangaben beziehen sich auf: Quintus Curtius Rufus. Geschichte Alexanders des Großen. Lateinisch und deutsch von K. Müller und H. Schönfeld. München 1954

[2] Die angegebenen Paragrafen beziehen sich auf GRAMMADUX – Die lateinische Kurzgrammatik; fett gedruckte Zahlen beziehen sich auf Stoffe, die in FELIX A ausgeklammert wurden.